HOURRA!

Cahier d'activités A1.1

Hugues Denisot

Avec la collaboration de Stéphanie Rivasseau

FRANCAIS LANGUE ÉTRANGÈRE

Ce cahier appartient à :

Nom : ....

Prénom : ....

Classe : ....

Couverture : Christophe Roger
Maquette intérieure : Eidos
Adaptation et mise en page : Anne Krawczyk
Relecture : Brigitte Luttiau
Illustrations : Pauline Aillet (illustrations de la famille Dujardin) ; Lymut (autres illustrations).
Photos : ©shutterstock, sauf p. 23 d. : ©damircudic / GettyImages.
Production sonore : Quali'sons / David Hassici

ISBN : 978-2-01-721175-4

©Hachette Livre 2024

58, rue Jean Bleuzen, 92178 Vanves Cedex, France.

http://www.hachettefle.fr

Tous droits de traduction, de reproduction et d'adaptation réservés pour tous pays.

Le code de la propriété intellectuelle n'autorisant, aux termes des articles L. 122-4 et L. 122-5, d'une part, que « les copies ou reproductions strictement réservées à l'usage privé du copiste et non destinées à une utilisation collective » et, d'autre part, que « les analyses et les courtes citations » dans un but d'exemple et d'illustration, « toute représentation ou reproduction intégrale ou partielle, faite sans le consentement de l'auteur ou de ses ayants droit ou ayant cause, est illicite ». Cette représentation ou reproduction, par quelque procédé que ce soit, sans autorisation de l'éditeur ou du Centre français de l'exploitation du droit de copie (20, rue des Grands-Augustins, 75006 Paris), constituerait donc une contrefaçon sanctionnée par les articles 425 et suivants du Code pénal.

Bienvenue en France !

1 Complète les bulles.
Bonjour ! • Salut !

2 Colorie les personnages.

trois 3

unité 1 — Bonjour !

Leçon 1

1. 🍎 **Joue avec tes autocollants page A !**
Complète les personnages avec tes **autocollants**.

2. 🎧 2 Écoute et entoure « OUI » ou « NON ».

1	2	3	4
OUI NON	OUI NON	OUI NON	OUI NON

4 ⭐ quatre

3 Regarde, lis et complète.

Dessine-toi ou colle ta photo.

Il s'appelle **comment** ?   Elle s'appelle **comment** ?   Tu t'appelles **comment** ?

Il s'appelle   Elle s'appelle   Je m'appelle

....

4 **Entraîne-toi à parler !**
 Écoute et réponds.

cinq 5

Leçon 2

1 🎧 04 Écoute et relie.

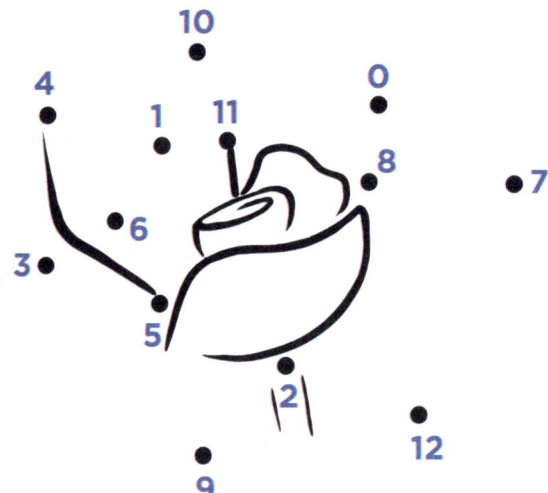

2 Compte et colorie le nombre.

| huit | neuf | quatre | cinq |

| deux | dix | trois | huit |

| un | onze | douze | sept |

| sept | cinq | huit | deux |

| huit | neuf | quatre | trois |

6 ★ six

unité 1

3 Lis, dessine les œufs et complète.

huit + quatre = douze   zéro + sept = ...   cinq + six = ...

un + huit = ...   deux + dix = ...   trois − un = ...

4 Entraîne-toi à parler !

Tu sais compter ?

0 1 2 3 4 5 6 7 8 9 10 11 12

sept 7

Leçon 3

1 🎧 5 Écoute et écris leur âge.

1
.... ans

2
.... ans

3
.... ans

4
.... ans

5
.... ans

6
.... ans

huit

unité 1

2 **Joue avec tes autocollants page A !**

Lis et cherche un cadeau dans tes **autocollants**.

① J'ai quatre ans.   ② J'ai douze ans.   ③ J'ai un an.

3 Lis et complète.

un • deux • trois • quatre • cinq

J'ai **quel âge** ?   Il a **quel âge** ?   Elle a **quel âge** ?
Tu as .... ans.   Il a .... ans.   Elle a .... ans.

4 **Entraîne-toi à parler !**

Il a quel âge ? Elle a quel âge ?

①    ②    ③

neuf ⭐ 9

Leçon 4

1 🎧 Écoute et écris les numéros.

2 Lis et écris de la bonne couleur.

blanc    bleu ....

rouge ....   violet ....

jaune ....   noir ....

orange ....   vert ....

10 dix

3 Regarde les drapeaux et écris les couleurs.

| Suisse | Belgique | France | Côte d'Ivoire |

rouge

4 Dessine ou colle le drapeau de ton pays. Écris les couleurs.

5 **Entraîne-toi à parler !**

C'est quelle couleur ?   ③ C'est vert.

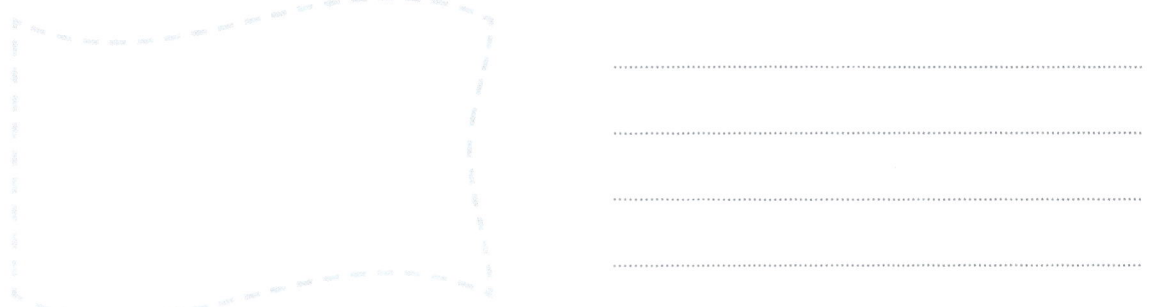

Leçon 5

1 🍎 **Joue avec tes autocollants page A !**

🎧 7 Écoute et cherche les **autocollants**.

①  ②  ③

2 🎧 8 Écoute et entoure.

①      ③

②     ④

3 Coupe les mots et écris les couleurs.

vertjaunebleurouge

12 ⭐ douze

4 **Joue avec tes autocollants page A !**

a. Regarde la BD. Cherche les bulles dans tes autocollants.

C'est magique !

b. À deux, lisez la BD à voix haute avec le ton.

Je révise

1 Regarde, relie et complète.

ROSE   CHARLOTTE   LUPIN

2 🎧 9 Écoute et colorie.

14 ⭐ quatorze

3 Écoute et écris les numéros.

Colle ta médaille de champion.

quinze 15

unité 2 — À l'école !

Leçon 1

1 🎧 11 Écoute et relie.

jeudi

dimanche

lundi

mercredi

vendredi

mardi

samedi

2 🎧 12 Écoute et colorie.

16 ⭐ seize

3 Lis et complète.

un livre • un sac • une colle • des ciseaux • des stylos

1. Ce n'est pas une trousse. C'est ....

2. Ce n'est pas un cahier. C'est ....

3. Ce n'est pas une gomme. C'est ....

4. Ce ne sont pas des crayons. Ce sont ....

5. Ce ne sont pas des règles. Ce sont ....

4 **Entraîne-toi à parler !**

Qu'est-ce que c'est ?  C'est un cahier.

Leçon 2

1 Coupe les mots et écris les jours.

lundimardimercredijeudivendredisamedidimanche

....

....

2 a. 🎧 13 Écoute et entoure le nombre.

b. Écris les nombres en lettres.

~~treize~~ • quatorze • quinze • seize • dix-sept • dix-huit • dix-neuf • vingt

dix-huit

unité **2**

3  **Joue avec tes autocollants page B !**

Lis et cherche les **autocollants**.

1. Elle dessine.

2. Il colorie.

3. Il taille son crayon.

4. Elle gomme.

4 **Entraîne-toi à parler !**

Qu'est-ce que tu fais ? **1** **Je découpe.**

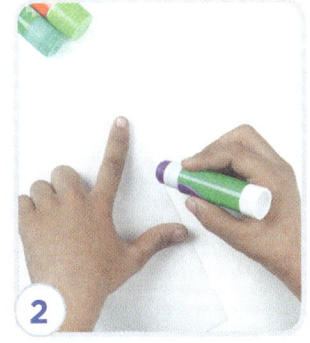

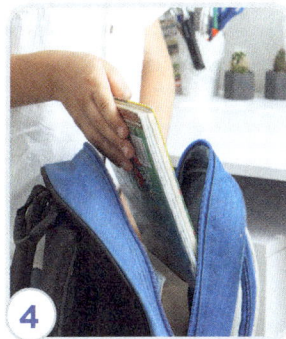

1   2   3   4

dix-neuf ★ 19

Leçon 3

1 🎧 14 Écoute et relie.

2 a. Regarde, lis et entoure la bonne réponse.

	Vrai	Faux
1. Il y a une cour de récréation.	**l'**	d'
2. Il n'y a pas de cantine.	j	é
3. Il y a des salles de classe.	c	e
4. Il n'y a pas de toilettes.	u	o
5. Il n'y a pas de couloir.	l	d
6. Il y a un gymnase.	i	e

b. Complète avec les lettres entourées.

Vite, à l'___ ___ ___ ___ !

3 Lis et complète les mots croisés.

couloirs • gymnase • cour de récréation • salles de classe • école • cantine

1. Qu'est-ce qu'il y a dans l'  de Rose ?

2. Il y a une  .   3. Il y a un  .

4. Il y a trois  .   5. Il y a deux  .

6. Il y a une  .

Leçon 4

1 🎧 15 Écoute et écris les numéros.

2 Regarde, lis et associe.

        •   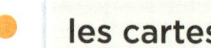 les cartes

        •   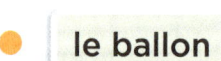 le ballon

        •    l'élastique

        •   la marelle

vingt-deux

3 Lis et complète.

au ballon • à la marelle • à 1, 2, 3 Soleil • aux cartes • à l'élastique

1. Je joue ....

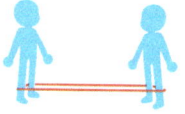
2. Vous jouez ....

3. On joue ....

4. Tu joues ....

5. Je peux jouer .... avec vous ?

4  **Entraîne-toi à parler !**

Tu joues à quoi ?   Je joue au ballon.

Leçon 5

1 🎧 16 Écoute et entoure « j'aime » ♥ ou « je n'aime pas » ✖.

1 ♥ ✖

2 ♥ ✖

3 ♥ ✖

4 ♥ ✖

5 ♥ ✖

6 ♥ ✖

2 🍎 **Joue avec tes autocollants page B !**

Lis et cherche les **autocollants**.

- Tu aimes lire. J'aime compter.
- Tu aimes chanter. Je n'aime pas chanter.
- Tu aimes être avec tes amis. J'aime réciter des poésies.

24 ⭐ vingt-quatre

3 Regarde et complète.

être • réciter • lire • aller • chanter • compter

Il aime ....   Il n'aime pas ....

Il aime .... des poésies.   Il n'aime pas ....

Il aime .... avec des amis.   Il n'aime pas .... à l'école.

Je révise

1 🎧 17 Écoute et barre l'intrus.

2 🍎 Joue avec tes autocollants page B !

Complète le sudoku avec les **autocollants**.

unité 2

3 Regarde, lis et écris les numéros.

.... Il compte sur ses doigts.
.... Ils jouent aux cartes.
.... Elle lit un livre.
.... Elle dessine.
.... Il chante une chanson.

Colle ta médaille de champion.

vingt-sept 27

unité 3 — À la maison

Leçon 1

1 🍎 **Joue avec tes autocollants page C !**

🎧 18 Écoute et cherche les **autocollants**.

  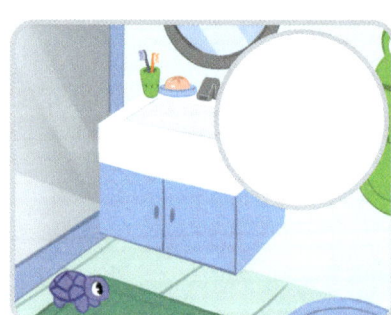

2 a. 🎧 19 Écoute et colorie les mots.

chambre • salle à manger • jardin • salon • salle de bains • cuisine

	C	U	I	S	I	N	E	J	A	R	D	I	N
S	A	L	L	E	L	À	I	M	A	N	G	E	R
S	A	L	L	E	L	D	E	A	B	A	I	N	S
S	A	L	O	N	S	C	H	A	M	B	R	E	

b. Entoure les lettres restantes et complète.

Le bébé s'appelle comment ? *Le bébé s'appelle ___ ___ ___ ___ .*

28 ⭐ vingt-huit

3 Lis et complète les dominos.

jardin • cuisine • salle à manger • ~~maison~~ • salon • chambre

4 Entraîne-toi à parler !

Tu es où ? — Je suis dans la salle de bains.

Leçon 2

1  **Joue avec tes autocollants page C !**

a. 🎧 20 Écoute et cherche les **autocollants**.

  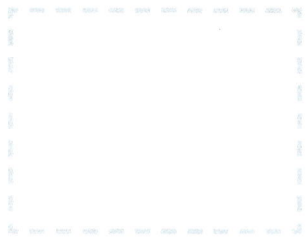

1. .... 2. .... 3. ....

4. .... 5. .... 6. ....

b. Écris les mots : à côté de • dans • derrière • devant • sous • sur.

2 Lis et colorie les livres.

1. Le livre rouge est à côté de la chaise.
2. Le livre vert est derrière le bureau.
3. Le livre bleu est sur le lit.
4. Le livre orange est sous le tapis.

unité 3

3 Dessine ta chambre et complète.

tapis • lit • placard • coffre • bureau • chaise

Dans ma chambre, il y a un ....

Dans ma chambre, il n'y a pas de ....

4 **Entraîne-toi à parler !**

Entoure et dis les 6 différences.   La voiture est dans le coffre.

A

B

trente et un 31

Leçon 3

1 🍎 **Joue avec tes autocollants page C !**

🎧 21 Écoute et complète la famille de Rose avec les **autocollants**.

2 Lis et complète les mots croisés.

1. C'est la mère d'Iris.
2. C'est le grand-père de Rose.
3. C'est la mère de Rose.
4. C'est le père de Rose.
5. C'est la petite sœur de Rose.
6. C'est le grand frère de Rose.
7. C'est la grand-mère de Rose et la mère d'Olivier.
8. Elle habite avec Rose. Ce n'est pas sa grande sœur.

CHARLOTTE   IRIS   LILAS   MARÉVA   SYLVIE

OLIVIER   LUPIN   NINO

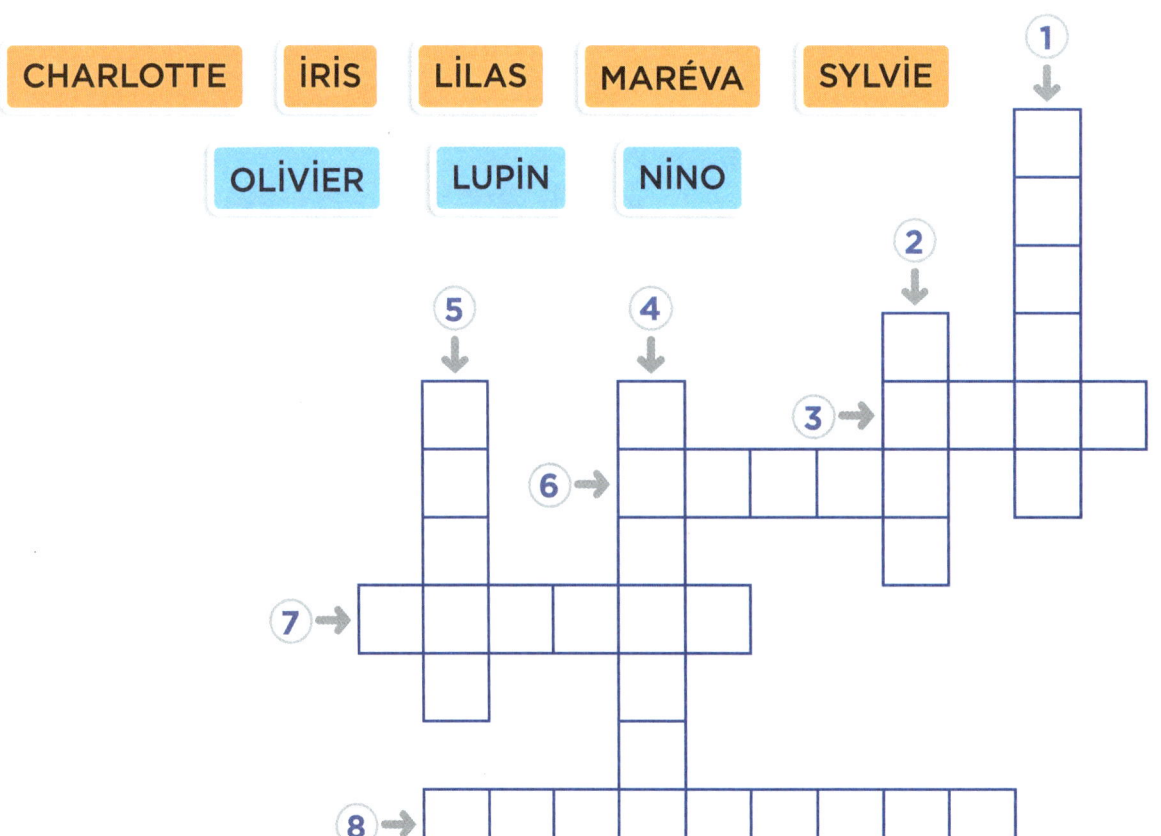

unité 3

3 💬 **Entraîne-toi à parler !**

a. Regarde la famille de Lucas. C'est qui ? **8** C'est le grand-père de Lucas.

b. Complète le dessin.

| le grand-père | la grande sœur | le père | la grand-mère |

| la grand-mère | le petit frère | la mère | le grand-père |

trente-trois 33

Leçon 4

1 🎧 22 Écoute et relie.

2 🍎 **Joue avec tes autocollants page C !**

Lis et cherche les **autocollants**.

Ma grand-mère a un chat et des poissons.

Mon père a un oiseau. Il n'a pas de serpent.

Ma grande sœur a une poule et un hamster.

3 Nomme ces drôles d'animaux.

1. C'est un hamster poule .   **2.** C'est un _____ .

3. C'est un _____ .   **4.** C'est une _____ .

4 **Entraîne-toi à parler !**

Tu as des animaux ?   Oui, j'ai un hamster.

Leçon 5

1 🎧 23 Écoute et entoure « OUI » ou « NON ».

1   OUI   NON   2   OUI   NON   3   OUI   NON   4   OUI   NON

2 Lis et colorie les mots.

chalet   ville   appartement   montagne

ferme   mer   *maison*   campagne

J'habite dans une  à la  .

Il habite dans un  en  .

Elle habite dans une  à la  .

On habite dans un  à la  .

3 Regarde et complète les phrases.

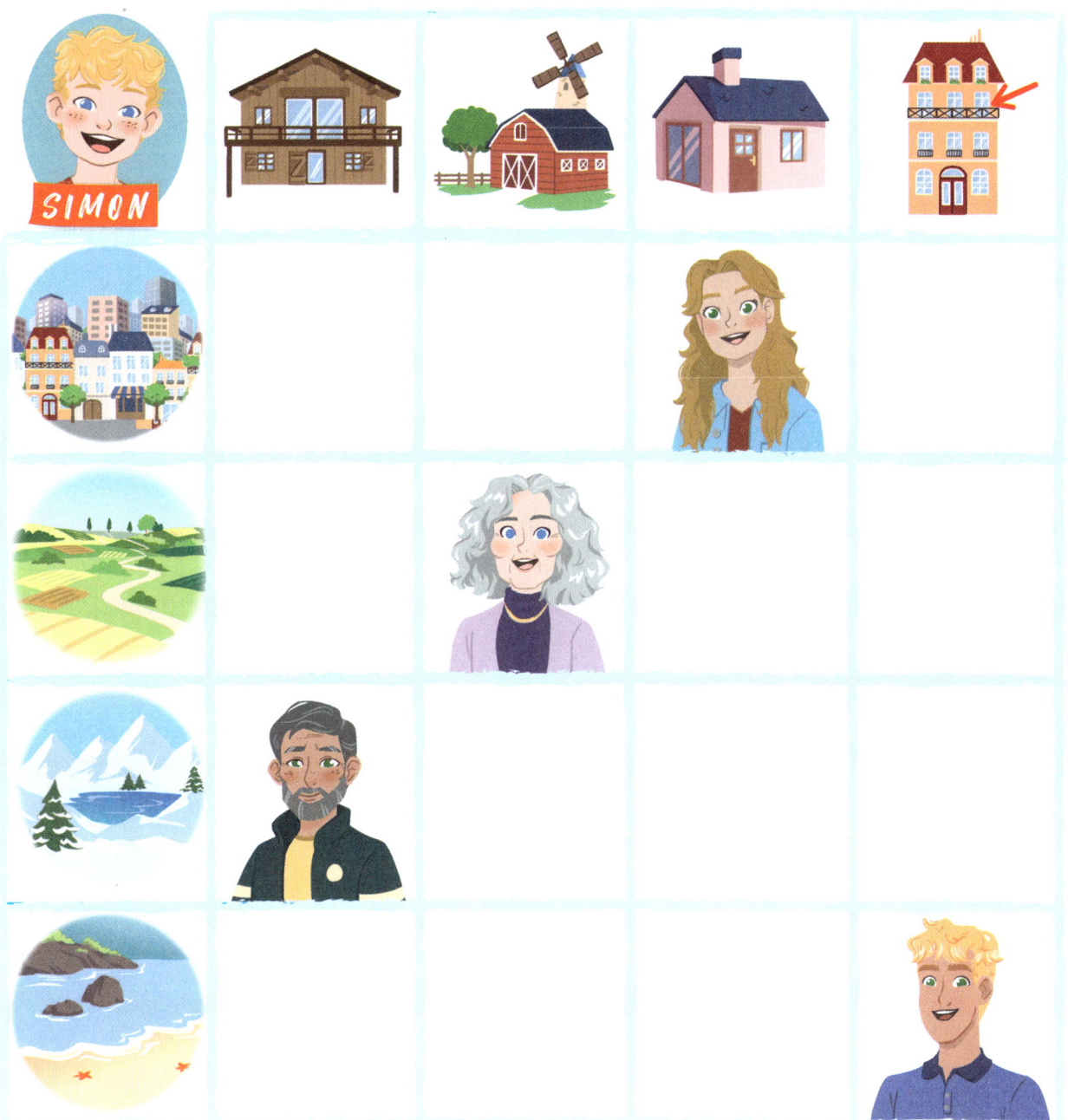

1. Le grand-père de Simon habite dans un ...chalet... à la ....
2. Sa grand-mère habite dans une .... à la ....
3. Son grand frère habite dans un .... à la ....
4. Sa mère habite dans une .... en ....

Je révise

1 🎧 24 Écoute et colorie.

2 Regarde et complète.

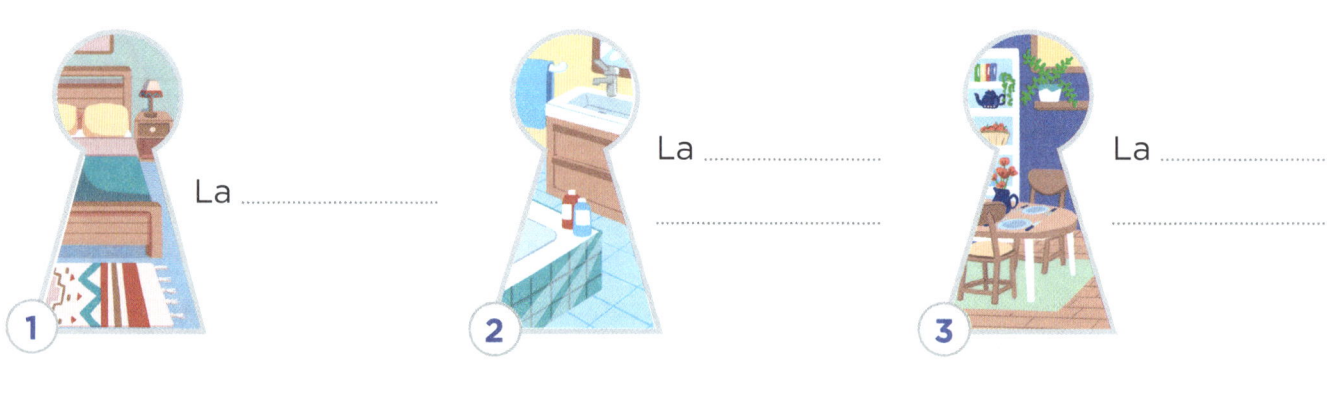

1. La ....
2. La ....
3. La ....

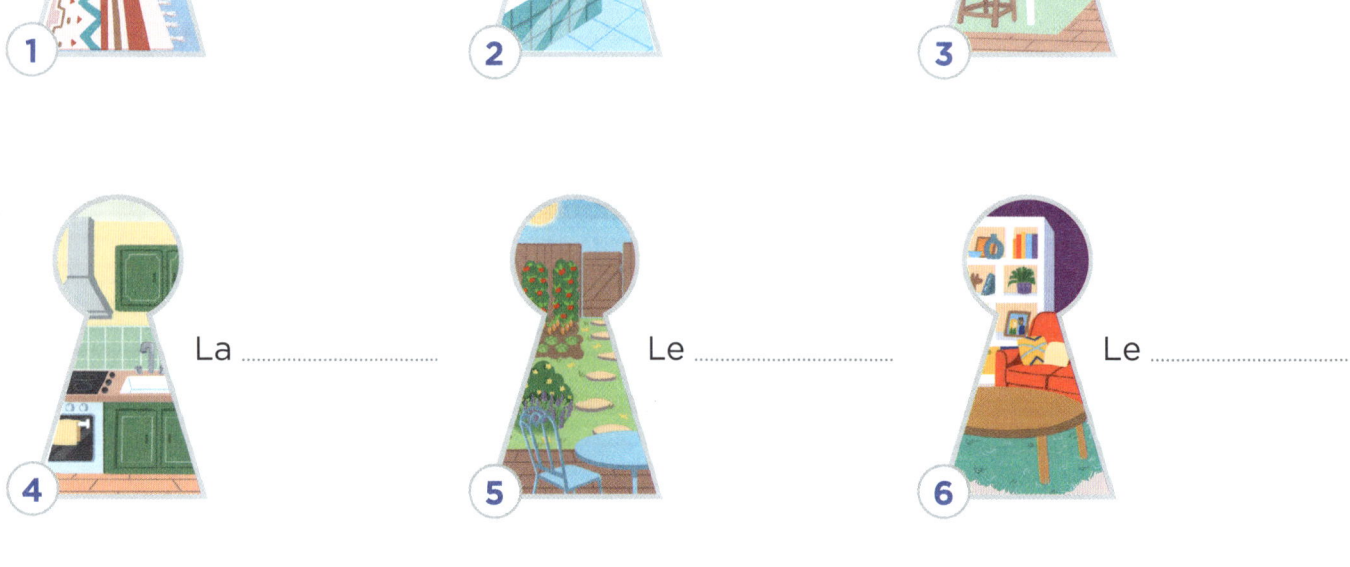

4. La ....
5. Le ....
6. Le ....

unité 3

3 **Joue avec tes autocollants page C !**

Regarde et complète avec les autocollants.

Colle ta médaille de champion.

trente-neuf 39

unité 4 — En forme ?

Leçon 1

1 🎧 25 Écoute et coche la bonne case.

1. a. ☐ b. ☐
2. a. ☐ b. ☐
3. a. ☐ b. ☐
4. a. ☐ b. ☐
5. a. ☐ b. ☐
6. a. ☐ b. ☐

2 🍎 **Joue avec tes autocollants page D !**

Lis et cherche les **autocollants**.

Il est content. Son chien est en forme.

Elle est triste. Sa poule est malade.

Elle est fatiguée. Lilas est fâchée.

3 a. Comment ça va aujourd'hui ? Coche.

☐ ☐ ☐ ☐ ☐ ☐

b. Complète.

| fatigué – fatiguée | fâché – fâchée | content – contente |

| triste | en forme | malade |

Aujourd'hui, je suis ....

Aujourd'hui, je ne suis pas ....

4 💬 **Entraîne-toi à parler !**

Comment ça va ? 　1 Charlotte est malade.

Leçon 2

1 🎧 Écoute et écris les numéros.

2 **Joue avec tes autocollants page D !**

Lis et cherche l'**autocollant** correct.

Petit Monstre Jaune a un visage jaune.

1. Il a des cheveux bleus.

2. Il a deux grands yeux verts.

3. Il a un nez violet.

4. Il a une bouche orange avec des dents blanches.

5. Il a deux petites oreilles violettes.

3 Complète.

l'œil • les yeux • ~~le visage~~ • les oreilles • le nez • la bouche • les dents • les cheveux

le visage

Leçon 3

1 🎧 27 Écoute et complète.

A

B

2 Lis les mots croisés et écris les numéros.

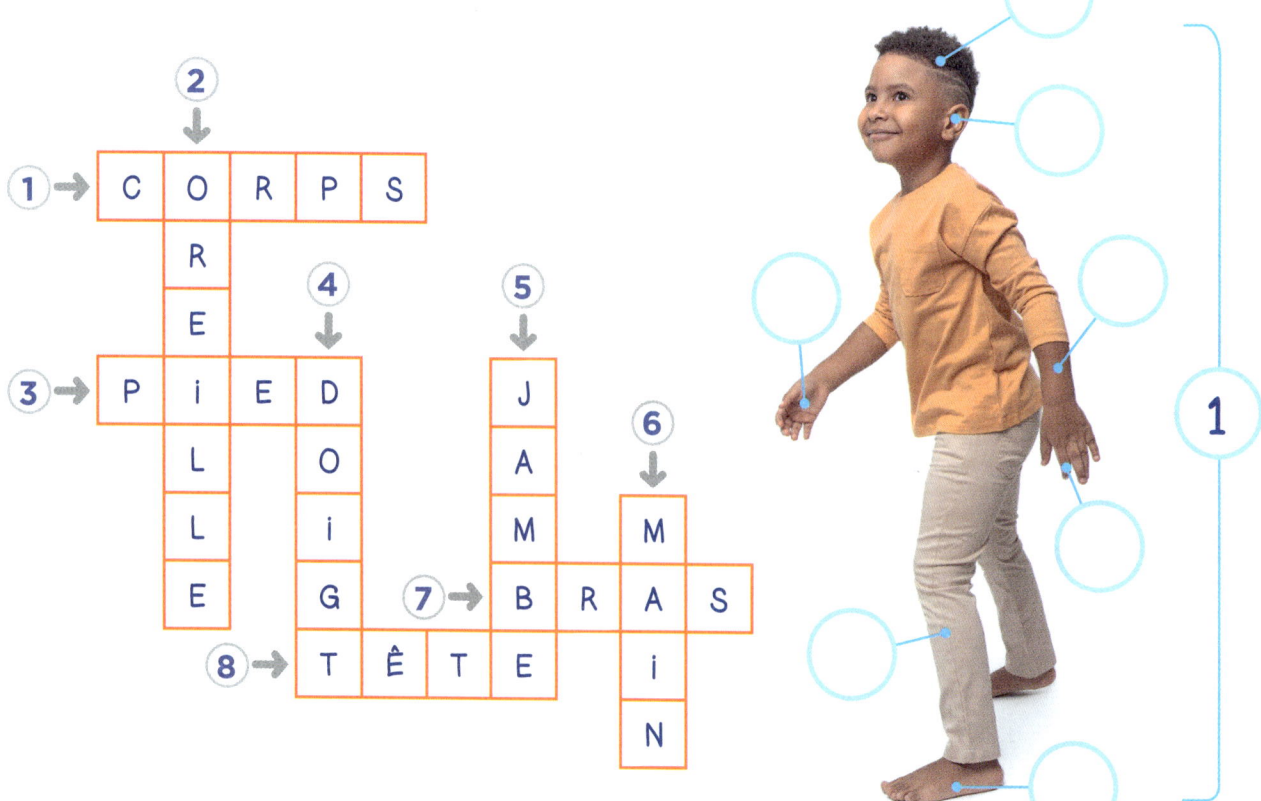

unité 4

3 Lis, regarde et complète.

bras • corps • doigts • jambes • mains • pieds • oreilles • têtes

Il a combien de .... ? Trois

Il a combien de .... ? Deux

Il a combien de .... ? Un

Il a combien de .... ? Quatre

Il a combien de .... ? Six

Il a combien de .... ? Huit

Il a combien d' .... ? Cinq

Il a combien de .... ? Sept

4 **Entraîne-toi à parler !**

Présente le robot. Il a deux mains.

quarante-cinq ★ 45

Leçon 4

1 🎧 28 Écoute et relie.

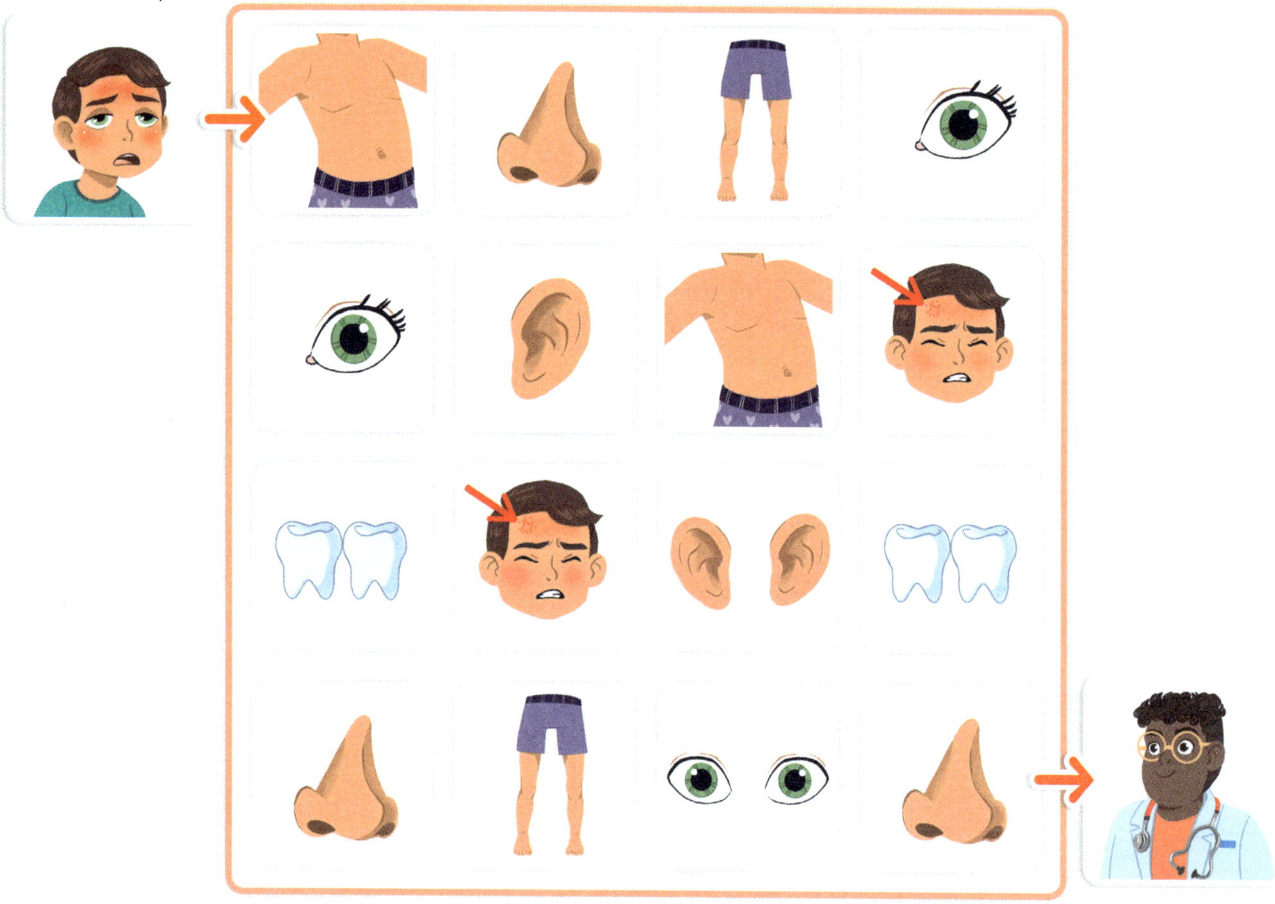

2 🍎 **Joue avec tes autocollants page D !**

Lis et cherche les **autocollants**.

1. Le hamster a mal au ventre.
2. Le hamster a mal à la tête.
3. Le hamster a mal à l'oreille.
4. Le hamster a mal aux yeux.

3 Complète.

bras • oreille • jambe • pieds • œil

1. Elle a mal à la ....

2. Elle a mal au ....

3. Elle a mal à l' .... gauche.

4. Elle a mal à l' .... droit.

5. Elle a mal aux ....

4 **Entraîne-toi à parler !**

Tu as mal où ? ③ J'ai mal au ventre.

①

②

③

④

⑤

⑥

Leçon 5

1 🎧 29 Écoute, dessine et colorie.

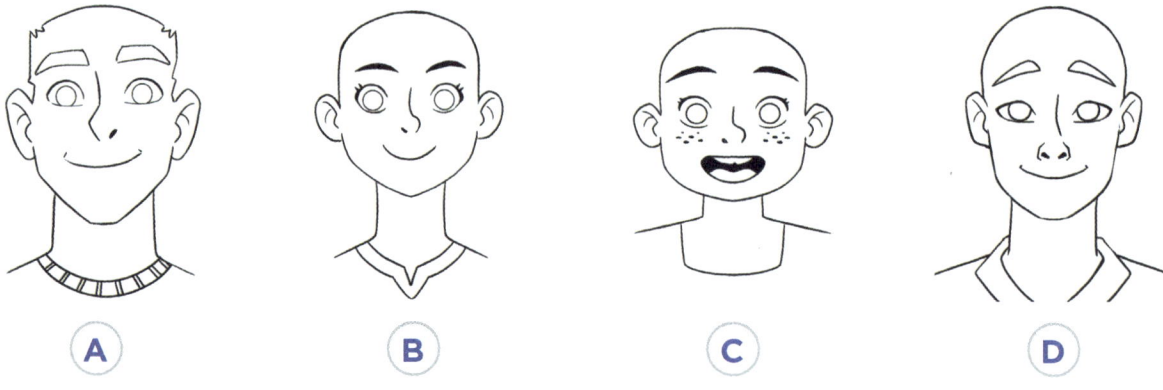

Ⓐ   Ⓑ   Ⓒ   Ⓓ

2 Lis et colorie les paires de la même couleur.

	une moustache		des cheveux blonds
un bonnet			une barbe
	un chapeau		des lunettes
des cheveux roux		des boucles d'oreilles	

48 ⭐ quarante-huit

unité 4

3 Regarde et complète.

bruns • blonds • roux • chapeau • boucles d'oreilles • lunettes • moustache • barbe

Elle a

les cheveux ....,

des .... et

un ....

Elle n'a pas de

............................,

de ....,

de ....

4 **Entraîne-toi à parler !**

Il est comment ? Elle est comment ? Lulu a les cheveux bruns.

quarante-neuf ★ 49

Je révise

1 🎧 30 Écoute et écris les numéros.

2 🍎 Joue avec tes autocollants page D !

Complète le sudoku avec les **autocollants**.

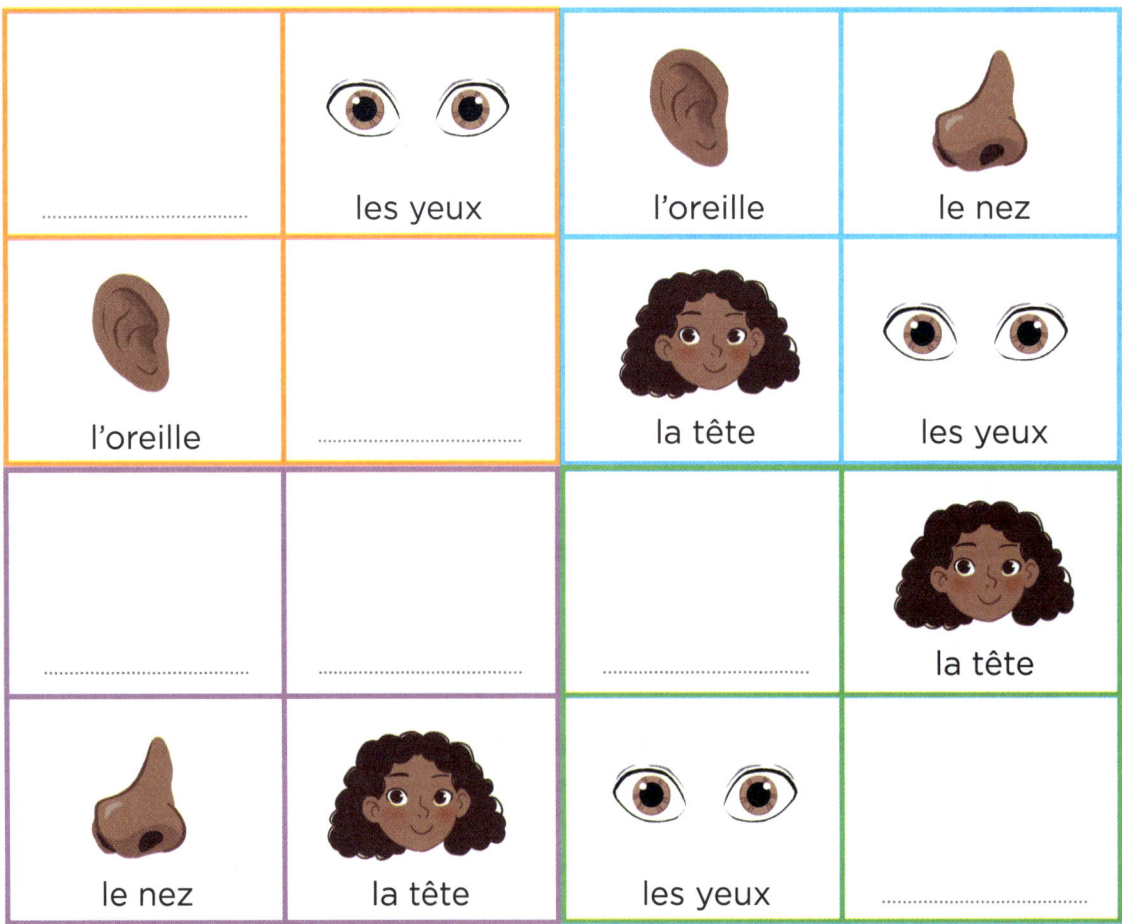

3 Regarde, lis et complète les phrases.

bruns • roux • blonds • noirs • main • pied • chapeau • boucles d'oreilles • moustache • barbe

Lilas a les cheveux ....

Iris a un .... bleu. Elle a mal à la ....

Lupin a les cheveux .... Il a mal au ....

Olivier a une ....

Charlotte a des ....

Rose a les cheveux ....

Colle ta médaille de champion.

unité 5 — Bon appétit !

Leçon 1

1 🎧 31 Écoute et relie.

2  **Joue avec tes autocollants page E !**

Lis et cherche les **autocollants**.

Il y a des céréales, du pain grillé, du beurre, de la confiture et du lait froid.

Il y a un croissant, un pain au chocolat et un chocolat chaud.

Il y a un croissant, du beurre, de la confiture et un jus d'orange.

3 Complète.

du pain grillé • du lait • un chocolat chaud • des céréales • un croissant • du beurre • de la confiture

1 ....
2 ....
3 ....
4 ....
5 ....
6 ....
7 ....

4 💬 **Entraîne-toi à parler !**

Qu'est-ce que tu veux ? *Je veux du pain grillé.*

un — du — du — des — de la

cinquante-trois 53

Leçon 2

1 🎧 32 Écoute et écris les numéros.

2 Regarde, lis et associe.

la banane

la mûre

la pomme

le kiwi

l'abricot

54 ⭐ cinquante-quatre

unité 5

3 a. Complète les mots croisés.

kiwi • abricot • orange • ~~mûre~~ • pomme • prune • banane • fraise • cerises

1 =    6 =

2 =    7 =

3 =    8 =

4 =    9 =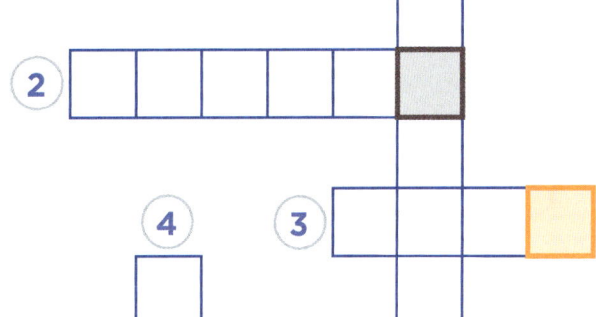

5 =

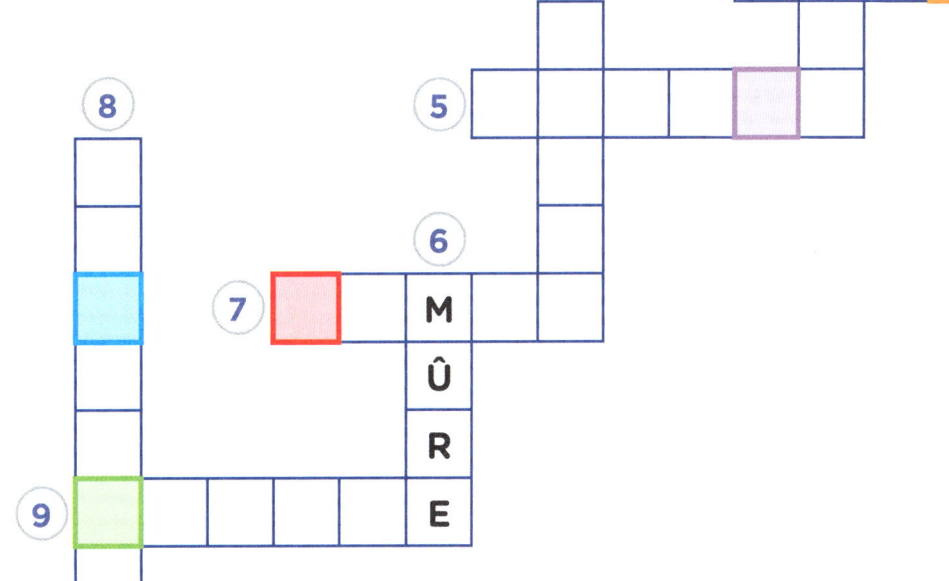

b. Complète la phrase.

Gina préfère les     .

cinquante-cinq ★ 55

Leçon 3

1 🎧 33 Écoute et dessine en couleur.

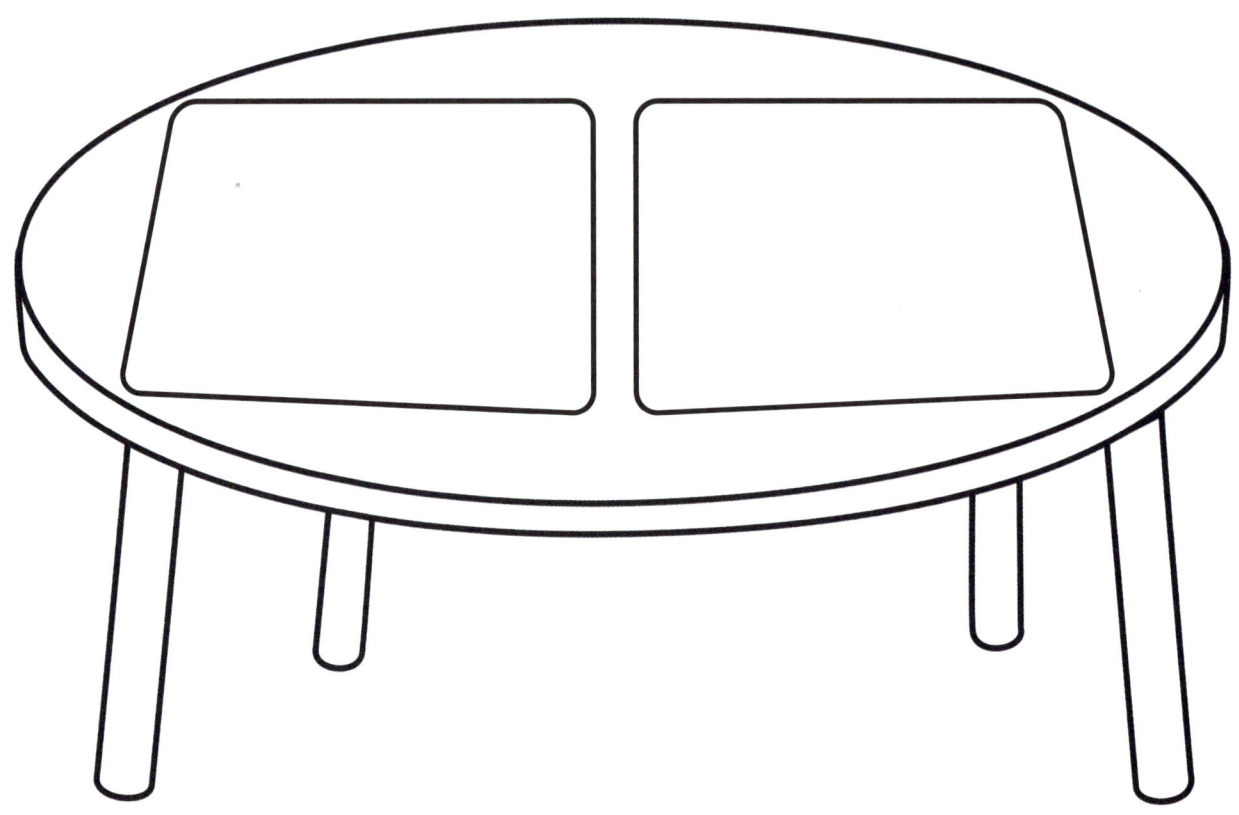

2 Regarde, lis et écris le code.

① Un set de table — A , 3

② Une fourchette

③ Un couteau

④ Une grande cuillère

⑤ Un petite cuillère

⑥ Un verre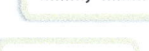

⑦ Une assiette

56 ⭐ cinquante-six

unité 5

3 Lis, regarde et complète les questions.

verres • fourchettes • cuillères • couteau • assiettes

Il y a combien de .... ? •——• Un
Il y a combien de .... ? •——• Quatre
Il y a combien d' .... ? •——• Six
Il y a combien de .... ? •——• Trois
Il y a combien de .... ? •——• Sept

4 **Entraîne-toi à parler !**

Entoure et dis les 6 différences.   À droite, il y a deux couteaux.

cinquante-sept 57

Leçon 4

1 Joue avec tes autocollants page E !

🎧 34 Écoute et cherche les autocollants.

2 Lis et entoure le mot correct.

① un café
un diabolo fraise

② un jus de fruits
un verre d'eau

③ un café
un verre de lait

④ un jus de fruits
un thé

⑤ un verre d'eau
un diabolo fraise

⑥ un thé
un diabolo fraise

58 cinquante-huit

3 Regarde et recopie la phrase correcte.

1. Il y a un verre de lait, un diabolo fraise et un jus de fruits.
2. Il y a un verre d'eau, un diabolo fraise et un jus de fruits.
3. Il y a un verre de lait, un chocolat chaud et un jus de fruits.

4 **Entraîne-toi à parler !**

Tu as soif. Qu'est-ce que tu veux boire ? Je veux boire un jus d'orange.

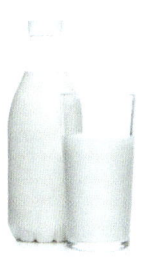    

Leçon 5

1 🎧 35 Écoute et écris les prénoms.

Charlotte • Mamie Sylvie • Lupin • Rose

2 🍎 **Joue avec tes autocollants page E !**

Lis et complète le domino avec les **autocollants**.

60 ⭐ soixante

unité 5

3 **a.** Choisis le menu de la cantine.

poulet • poisson • pâtes • carottes • riz • salade • crêpe • glace • yaourt • fruit

b. Dessine ton plat et ton dessert.

4 **Entraîne-toi à parler !**

Tu as faim. Qu'est-ce que tu veux manger ? Je veux manger du riz.

soixante et un 61

Je révise

1 a. 🎧 36 Écoute et relie.

b. Colorie et complète.

Qu'est-ce que c'est ? C'est ....

2 Écris les phrases sous le bon dessin.

Bon appétit ! • J'ai faim ! • À table ! • J'ai soif !

....

3 **Joue avec tes autocollants page E !**

Lis et complète avec les autocollants.

Monsieur Dujardin mange des pâtes.
Madame Dujardin mange du poisson avec du riz.
Lupin mange du poulet avec du riz.
Charlotte mange du poisson avec des carottes et de la salade.
Rose mange du poulet et des carottes.
Sur la table, il y a de l'eau, du jus de pomme, du pain, 5 fruits et 4 yaourts.

Colle ta médaille de champion.

unité
6 En vacances !

Leçon 1

1 🎧 37 Écoute et colorie.

2 Lis et relie.

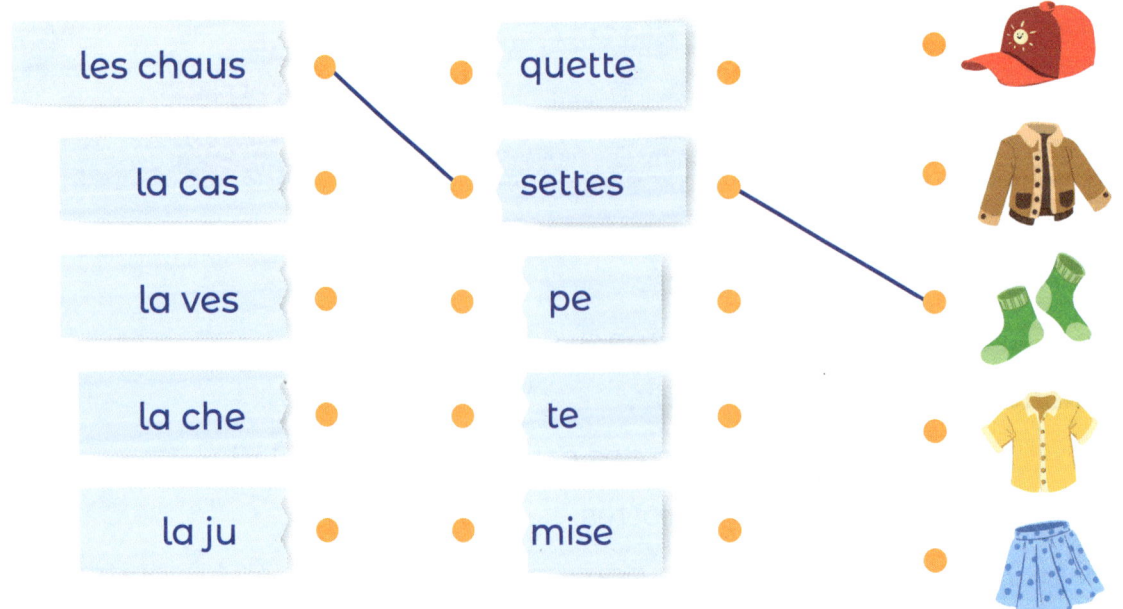

les chaus	quette
la cas	settes
la ves	pe
la che	te
la ju	mise

64 ⭐ soixante-quatre

3 Lis et complète.

casquette • chaussettes • chaussures • pantalon • tee-shirt • veste

Je mets…

1. ma .... rouge,

2. ma .... orange,

3. mon .... jaune,

4. mon .... marron,

5. mes .... blanches,

6. mes .... bleues.

4 💬 **Entraîne-toi à parler !**

Qu'est-ce que tu mets ?   **3** Je mets le tee-shirt violet.

Leçon 2

1 a. 🎧 38 Écoute et relie.

| Maria | Pedro | William | Léa et Léo |

b. Lis et écris le prénom.

.... vont en vacances aux États-Unis.

.... va en vacances en Italie.

.... reste au Pérou.

.... va en vacances en France.

c. Lis et écris le pays.

Le pays de la tour Eiffel, c'est la ....

Le pays du Machu Picchu, c'est le ....

Le pays de la tour de Pise, c'est l'............................ .

Le pays de la statue de la Liberté, ce sont les ....

2. Lis le code et complète.

✈							Voyages, voyages										✈
1	2	3	4	5	6	7	8	9	10	11	12	13	14	15	16	17	18
A	L	E	I	D	Y	M	N	R	T	G	S	Q	U	X	P	B	-

Il reste   1 | 14 | ▨ | 7 | 3 | 15 | 4 | 13 | 14 | 3

Ils vont   1 | 14 | 15 | ▨ | 16 | 1 | 6 | 12 | 18 | 17 | 1 | 12

Il va   3 | 8 | ▨ | 4 | 8 | 5 | 3

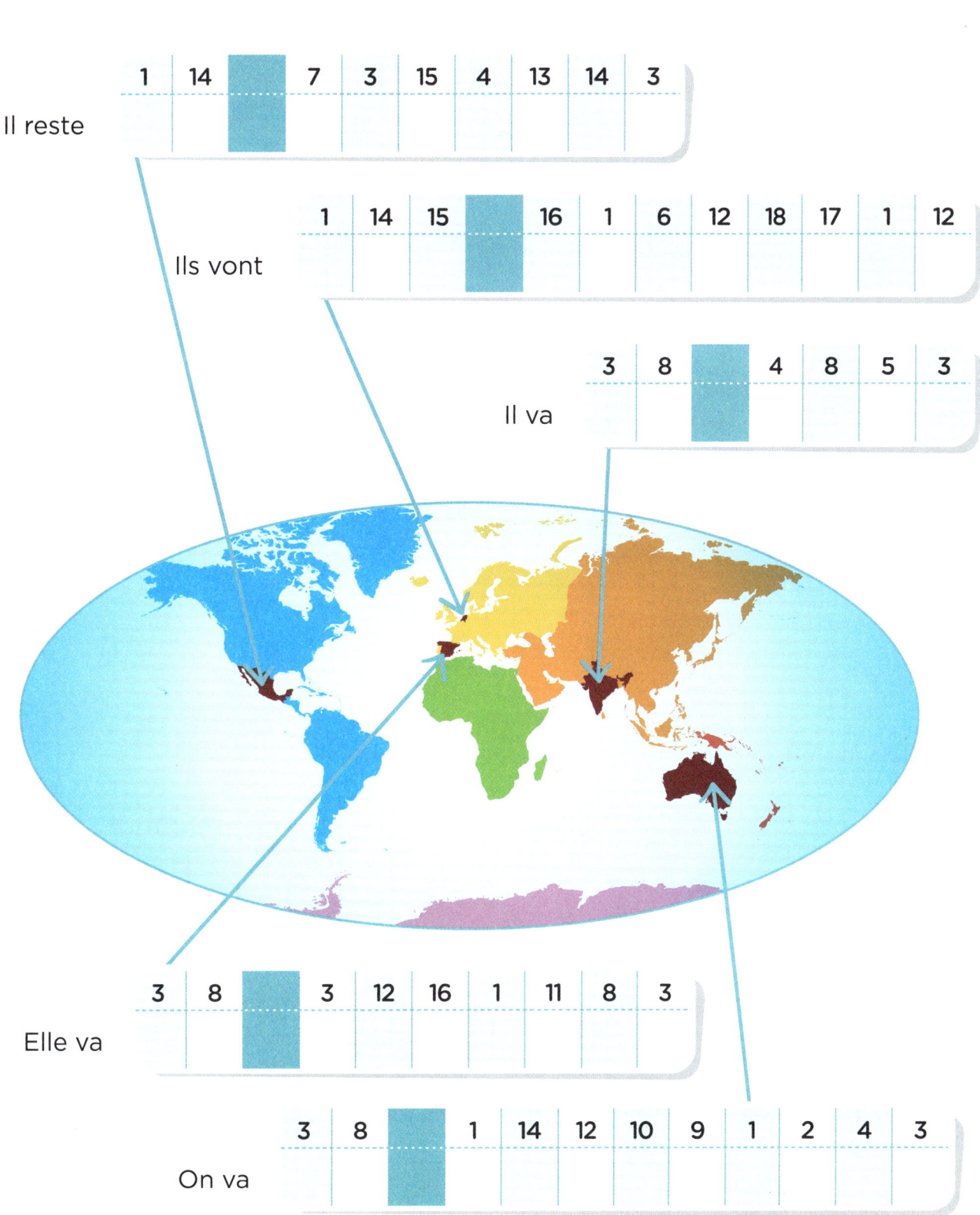

Elle va   3 | 8 | ▨ | 3 | 12 | 16 | 1 | 11 | 8 | 3

On va   3 | 8 | ▨ | 1 | 14 | 12 | 10 | 9 | 1 | 2 | 4 | 3

Leçon 3

1  **Joue avec tes autocollants page F !**

Écoute et cherche les autocollants.

	A	B	C	D	E
1					
2					
3					
4					
5					

2 a. Mets les lettres dans l'ordre.

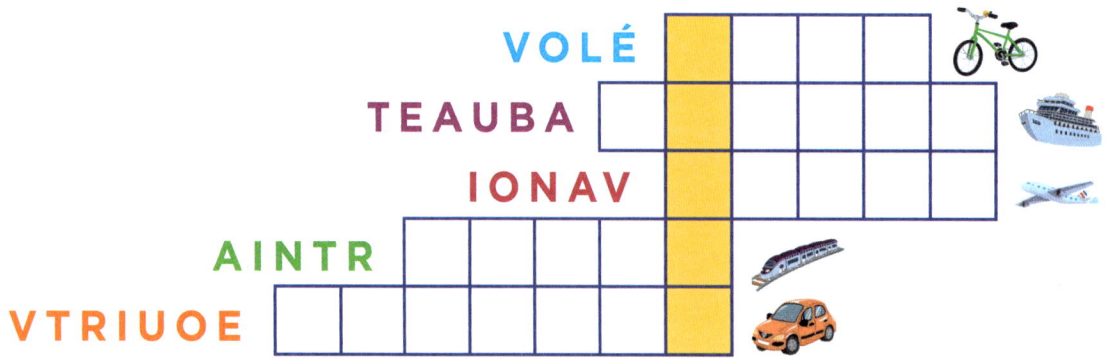

VOLÉ
TEAUBA
IONAV
AINTR
VTRIUOE

b. Regarde les cases jaunes et complète.

Vive les ☐ ☐ C ☐ ☐ C ☐ S à moto et à vélo !

68 soixante-huit

unité 6

3 Trouve le chemin et écris la phrase.

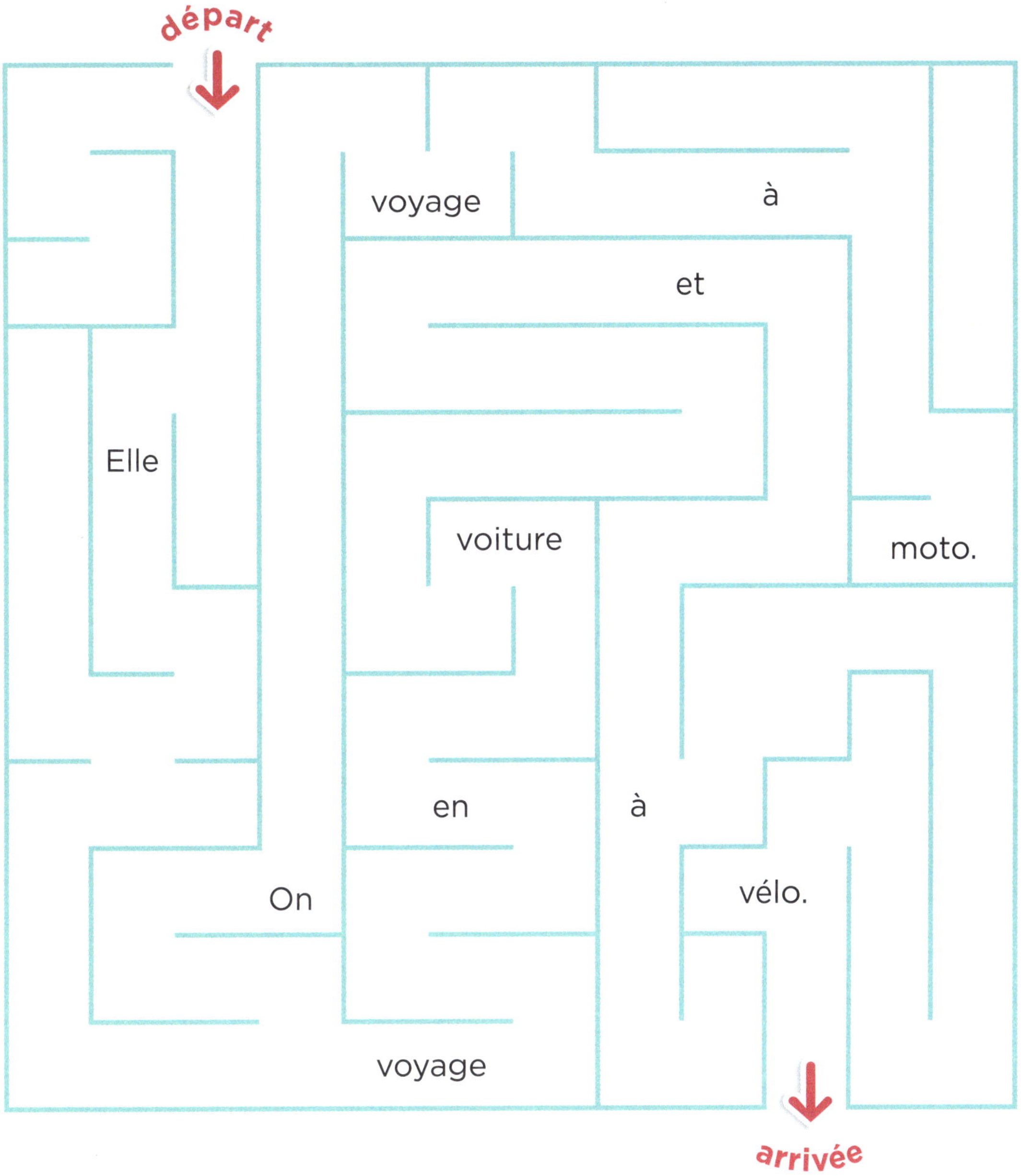

départ ↓

voyage   à
et
Elle
voiture   moto.
en   à
On   vélo.
voyage

arrivée ↓

....

4  **Entraîne-toi à parler !**

Tu voyages comment ?   Je voyage en bateau.

EN   EN   EN   EN   À   À

soixante-neuf ★ 69

Leçon 4

1 🎧 40 Écoute et coche.

		VRAI	FAUX			VRAI	FAUX
lundi	☀️	☐	☐	vendredi	❄️	☐	☐
mardi	⛈️	☐	☐	samedi	🌬️	☐	☐
mercredi	🌧️	☐	☐	dimanche	☀️	☐	☐
jeudi	☁️	☐	☐				

2 Lis et dessine.

1. Il neige. Il fait froid.
2. Il y a du soleil. Il fait chaud.

3. Il pleut. Il y a du vent.
4. Il y a de l'orage. Il y a des nuages.

3 a. Il fait quel temps ? Regarde les flèches et complète.

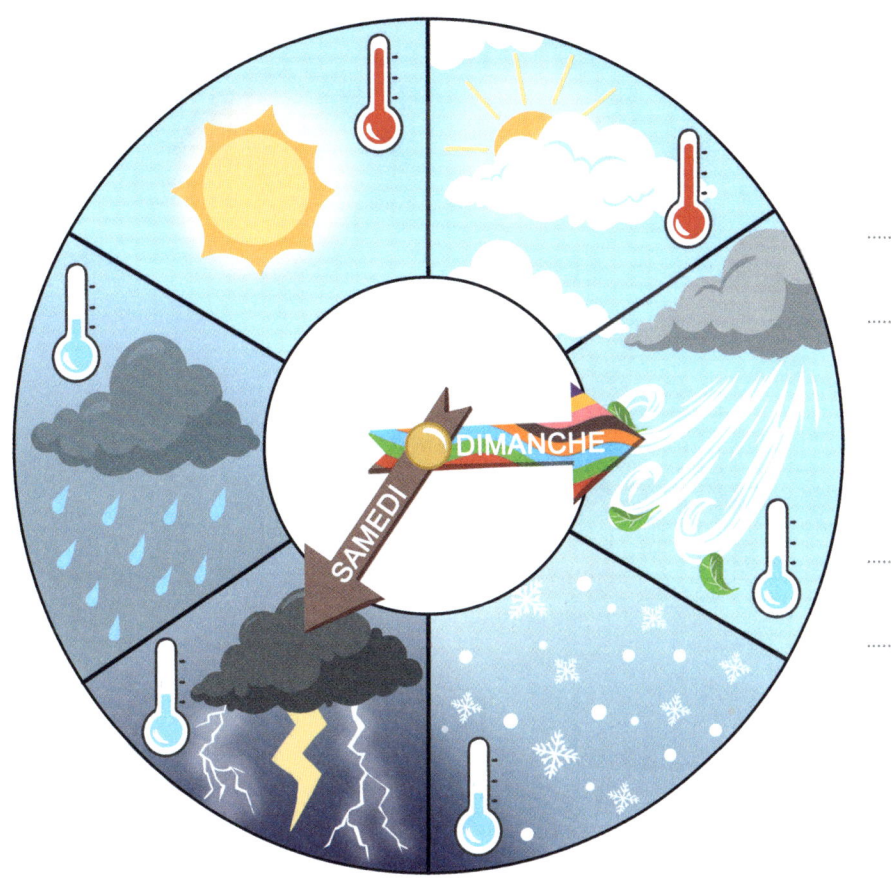

Samedi, ...

....

Dimanche, ...

....

b. Il fait quel temps aujourd'hui ? Dessine la flèche et complète.

Aujourd'hui, ...

....

4 **Entraîne-toi à parler !**

Il fait quel temps ? 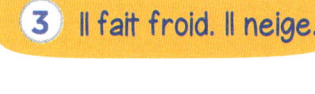 Il fait froid. Il neige.

Leçon 5

1 🎧41 Écoute et coche le bon chemin.

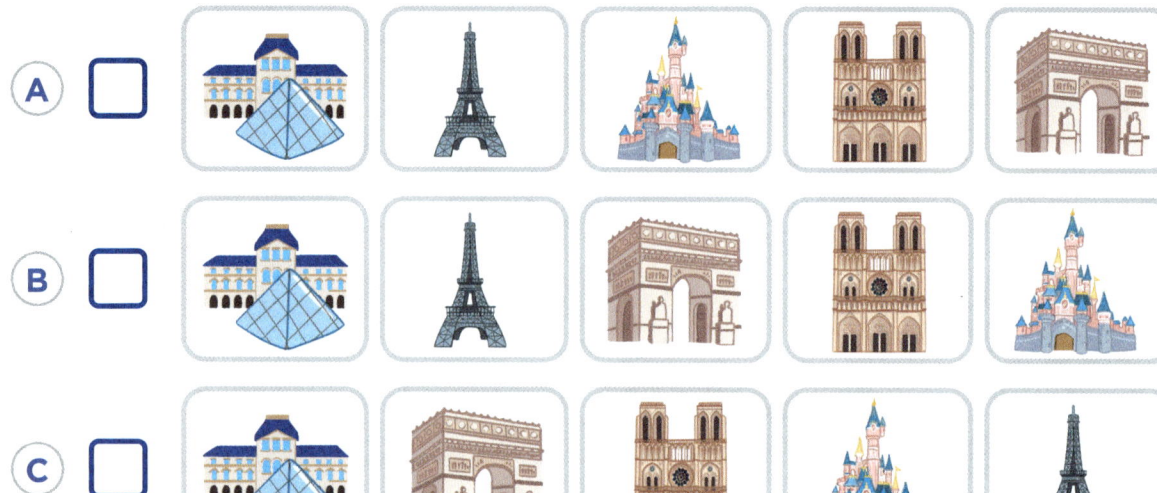

2 🍎 **Joue avec tes autocollants page F !**

Lis et cherche les **autocollants**.

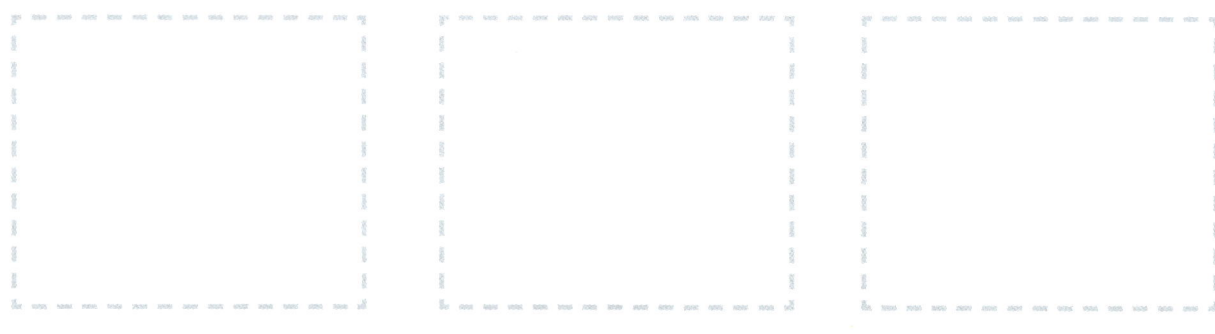

Elle est à côté de l'Arc de Triomphe.   Elle est devant la pyramide du Louvre.   Elle est devant Notre-Dame de Paris.

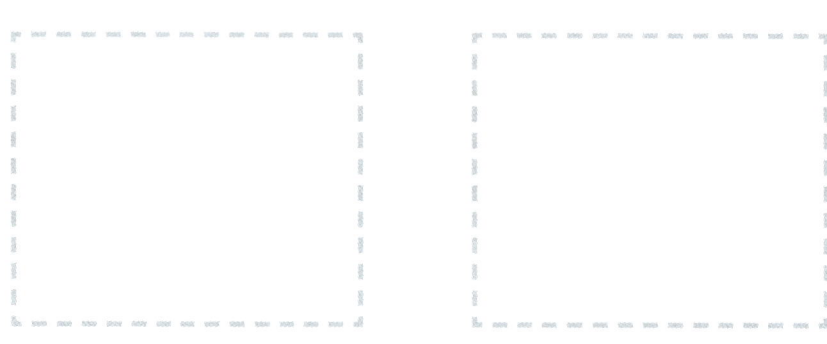

Elle est sous la tour Eiffel.   Elle est à Disneyland.

unité 6

3 Complète le plan de Paris.

pyramide du Louvre • Notre-Dame de Paris • tour Eiffel • Arc de Triomphe

1 la ....

2 l' ....

3 la ....

4 ....

4 Entraîne-toi à parler !

Tu visites Paris. Tu es où ? — 2 Je suis devant la pyramide du Louvre.

1   2   3   4   5

soixante-treize **73**

Je révise

1 🎧42 Écoute et relie.

2 Lis les questions et colorie les réponses de la même couleur.

Il fait quel temps ?	Qu'est-ce que tu mets ?	Tu voyages comment ?

à vélo	Il y a de l'orage.	une veste	à moto	Il neige.	un pantalon
en bateau	des chaussettes	en voiture	une robe	Il y a du soleil.	une chemise
Il pleut.	Il y a du vent.	une casquette	un tee-shirt	en train	des chaussures
Il fait froid.	une jupe	un chapeau	en avion	des baskets	Il y a des nuages.

soixante-quatorze

unité 6

3 **Joue avec tes autocollants page F !**

Lis et complète avec les autocollants.

Il y a un avion.
Il y a du soleil et des nuages.
Lupin met la chemise d'Olivier.

La poule est sur la casquette de Lupin.
Le chien joue avec la tour Eiffel :
c'est un ballon.

Colle ta médaille de champion.

soixante-quinze 75

unité 1 — Bonjour !

0	1	2	3
zéro	un - une	deux	trois
zéro			

4	5	6	7
quatre	cinq	six	sept

MON IMAGIER

huit — neuf — dix — onze

douze — blanc - blanche — bleu - bleue — jaune - jaune

noir - noire   orange - orange   rouge - rouge   vert - verte

violet - violette   prendre   mettre   mélanger

unité 2 — À l'école

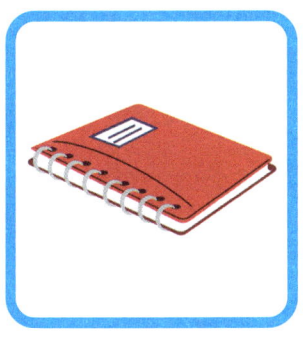
cahier

un cahier

livre

sac

règle

trousse

ciseaux

Lupin colle.
coller

Il découpe.
découper

soixante-dix-neuf 79

MON IMAGIER

dessiner   écrire   gommer   couloir

gymnase   cantine   cour de récréation   école

salle de classe

toilettes

ballon

élastique

marelle

Il chante.
chanter

On joue aux cartes.
jouer

Elle lit.
lire

quatre-vingt-un ★ 81

unité 3 — À la maison

jardin

le jardin

salon

....

chambre

....

cuisine

....

maison

....

salle à manger

....

salle de bains

....

bureau

....

82 quatre-vingt-deux

MON IMAGIER

coffre

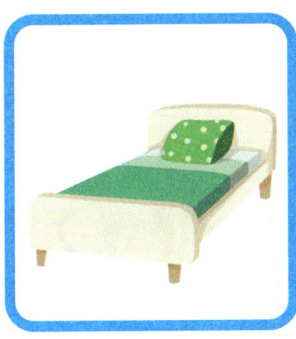
lit

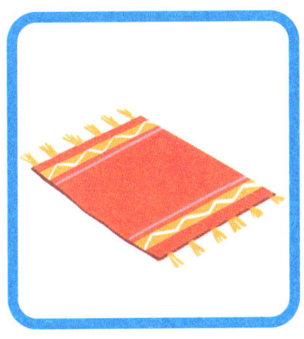
tapis

armoire

chaise

père (papa)

mère (maman)

frère

quatre-vingt-trois

sœur   **chat**   **chien**   **oiseau**

J'habite dans une maison.

poisson   **serpent**   **poule**   **habiter**

unité 4 — En forme ?

content - contente

Il est content.

en forme

fâché - fâchée

fatigué - fatiguée

malade - malade

triste - triste

tête

cheveux

quatre-vingt-cinq 85

MON IMAGIER

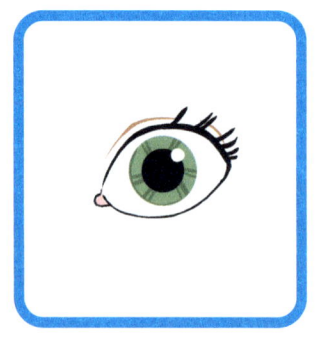  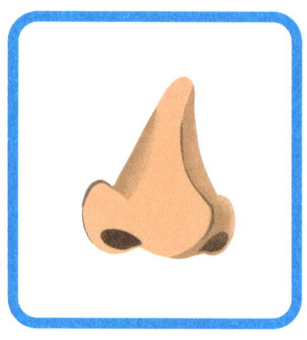 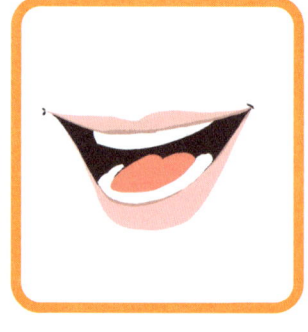

œil · yeux · nez · bouche

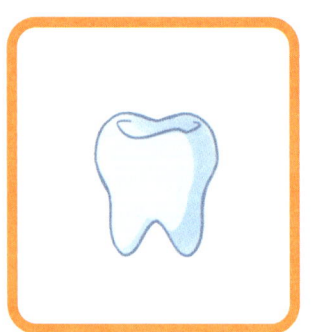 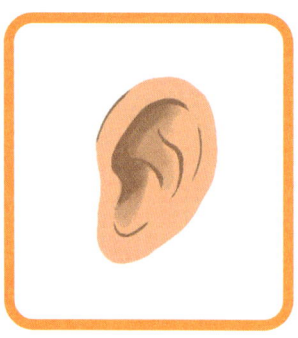  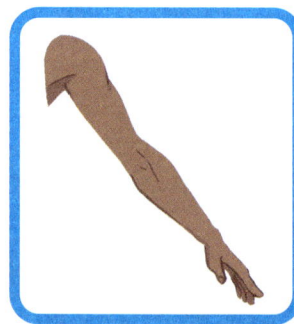

dent · oreille · visage · bras

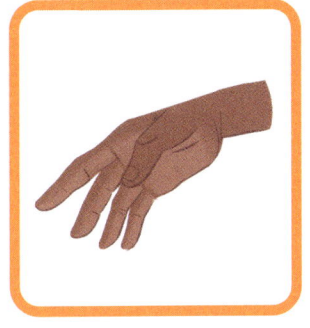	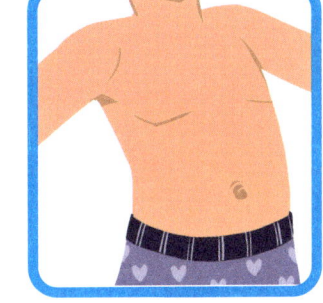	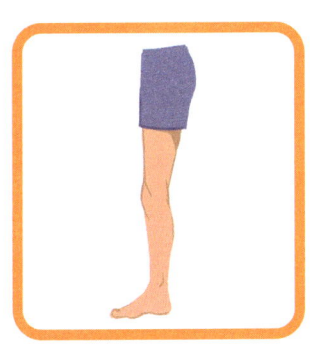	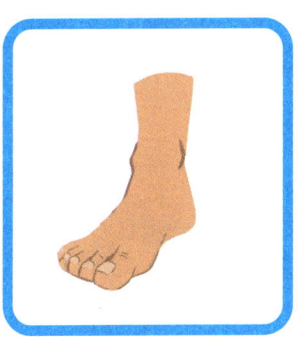
main	ventre	jambe	pied

barbe	moustache	bonnet	lunettes

unité 5 — Bon appétit !

 beurre
le beurre

 croissant

 pain

 confiture

 céréales

 abricot

 kiwi

fraise

MON IMAGIER

poire

pomme

couteau

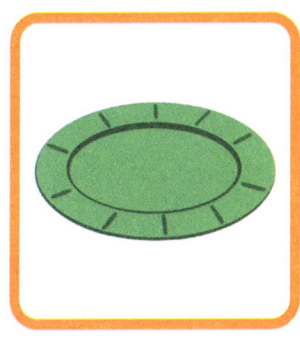
assiette

cuillère

fourchette

chocolat chaud

jus de pomme

 verre d'eau

 boire — Elle boit un thé.

 poisson

 salade

 pâtes

 yaourt

 glace

 manger — Je mange une pomme.

unité 6 — En vacances !

 pantalon
mon pantalon

short
 tee-shirt
 casquette

 chemise

 jupe

 robe

 veste

MON IMAGIER

chaussettes — chaussures — aller — rester

avion — bateau — train — vélo

moto | voyager | nuage | orage

soleil | vent | Il neige. | Il pleut.

MON ABÉCÉDAIRE

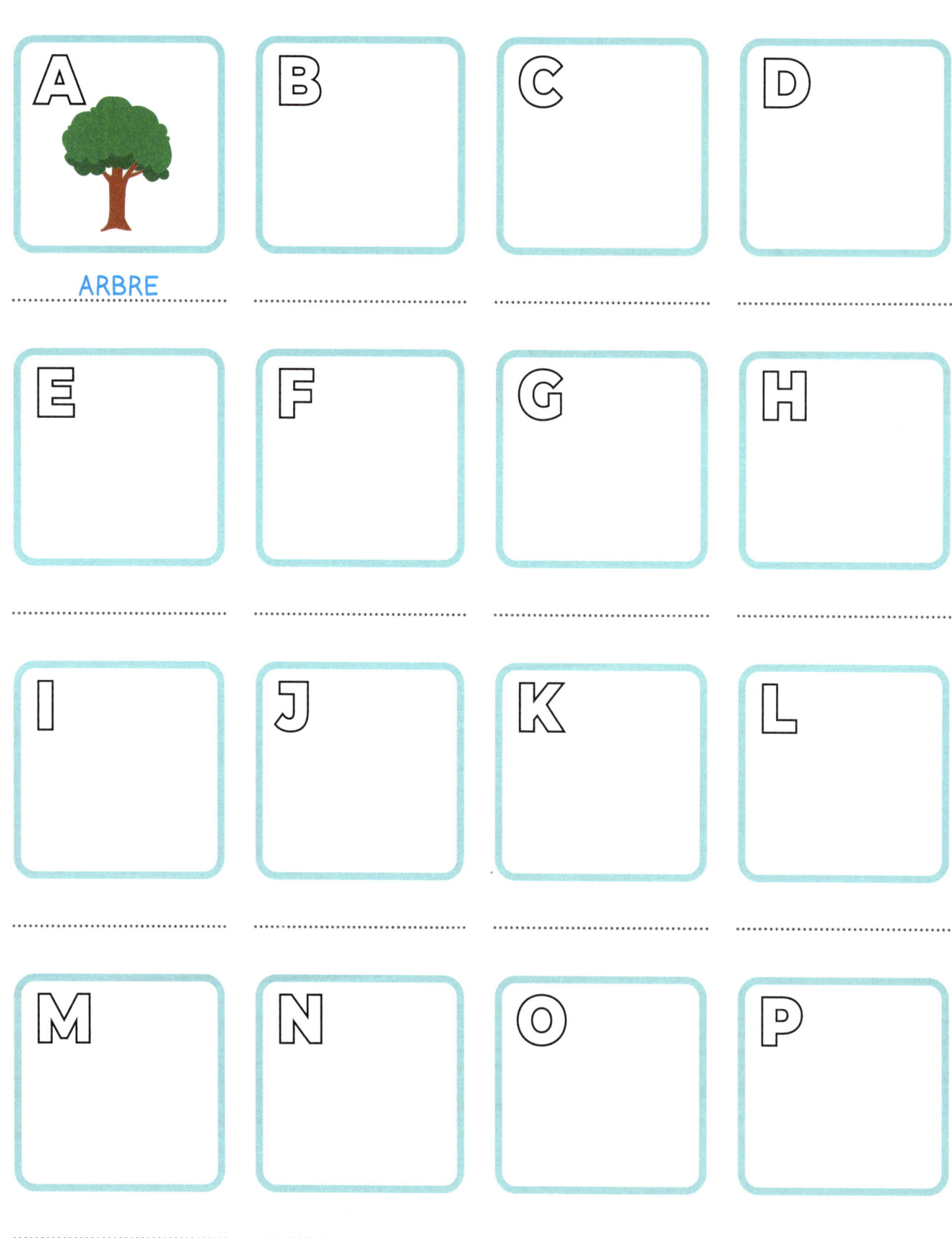

ARBRE

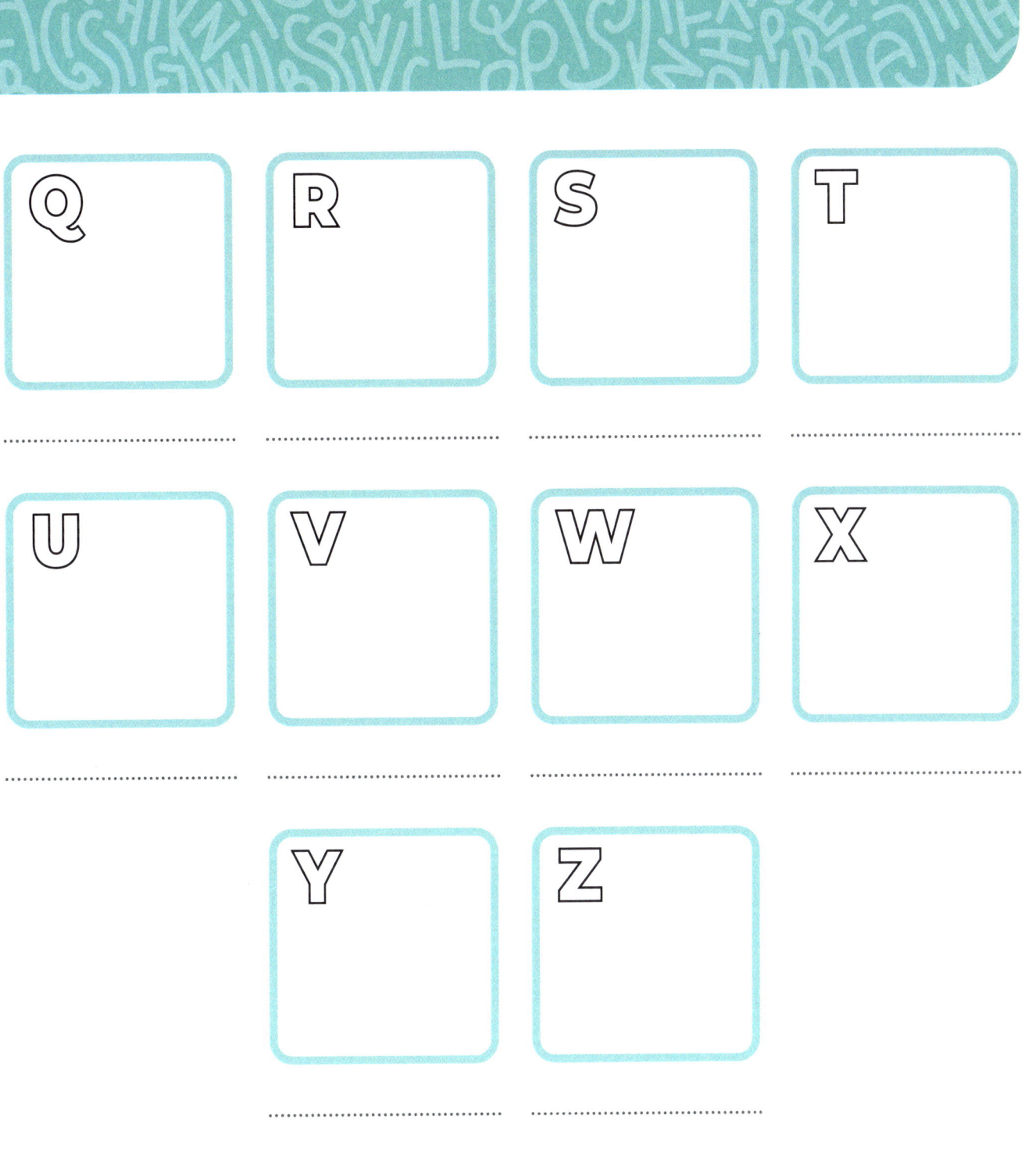

quatre-vingt-quinze 95

Hachette s'engage pour
l'environnement en réduisant
l'empreinte carbone de ses livres.
Celle de cet exemplaire est de :
0,650 kg éq. CO2
Rendez-vous sur
www.hachette-durable.fr

Achevé d'imprimer en Janvier 2024 en Italie par L.E.G.O. S.p.A. - Lavis (TN) - Dépôt légal : Janvier 2024 - Édition n° 01 - 10/2949/4

unité 1 Bonjour !

page 4

page 9

page 12

page 13

Je mets le papier jaune dans l'eau.

Regarde. Je prends le papier rouge.

Je mets le papier rouge dans l'eau.

TES AUTOCOLLANTS CADEAUX

page 15

Ta médaille

unité 2 — À l'école !

page 24

page 19

page 26

   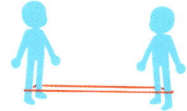

page 27

TES AUTOCOLLANTS CADEAUX

SUPER !   GÉNIAL !

J'ADORE !   BRAVO !

Ta médaille

unité 3 — À la maison

page 28

page 30

page 32

page 34

page 39

Sasha, le chat   Gaston, le poisson

Diego, l'oiseau   Poupoule, la poule

Jean, le serpent   Robert, le hamster

Ta médaille

unité 4 — En forme ?

page 40

page 46

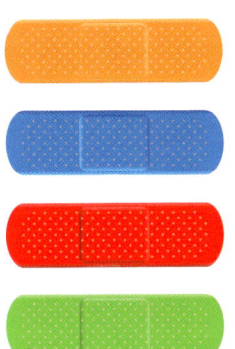

page 50

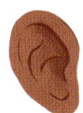 

TES AUTOCOLLANTS CADEAUX

Ta médaille — page 51

unité 5 — Bon appétit !

page 52

page 58

page 60

Je veux manger un yaourt à la cerise.

Je veux manger des pâtes.

Je veux manger du poisson avec du riz.

Je veux manger du poulet et des carottes.

Je veux manger une glace.

Je veux manger une crêpe au sucre.

page 63

TES AUTOCOLLANTS CADEAUX

J'AI FAIM !

J'AI SOIF !

BON APPÉTIT !

À TABLE !

Ta médaille

unité 6 — En vacances !

page 68

page 72

page 75

Ta médaille

F